소리 · 열여섯

인도 여행으로 본 계·정·혜

말한이 활성 | 엮은이 김용호

KB214718

고요한소리

일러두기
활성 스님께서 1996년 3월 30일 서울 법회와 1996년 4월 6일
부산 법회에서 하신 말씀을 중심으로 김용호가 엮어 정리하
였다.

차 례

인도 여행

제가 1996년 처음 인도 여행을 하게 되었습니다. 인도는 부처님이 태어나시고, 공부하시고, 깨달으시고, 법을 설하시고, 열반에 드신 곳이니까 부처님 법을 공부하는 입장에서는 자연스레 인도에 대해 관심이 많고 여러 가지 추측과 상상을 해왔었습니다. 그러면서 언젠가는 현지답사를 해보자 하는 마음은 있었지만 막연히 먼 미래의 일로 치부해두고 있었는데, 우연치 않은 계기에 갑작스레 인도에 가게 되었습니다.

처음에는 한 열흘 일정으로 성지순례팀에 끼었습니다. 첫 인도 여행이라 현지 문화에 적응하는 것이 어떨까 싶었으나 의외로 인도 음식이 제 입에 참 잘 맞았습니다. 평소 인도에 가면 성지순례도 하고, 인도 불교 현황도 보고, 빠알리어*Pāli* 공부하는 한국 스님들도 만나고 싶었습니다. 마침 기회가 닿은 김에 그렇게 할 요량으로 더 머물게 되었지요. 결국 인도와 네팔을 55일 동안 여행하게 되었습니다.

뭄바이에서 자동차나 기차로 너댓 시간 가면 뿌네*Pune*라는 도시가 있습니다. 데칸고원 위에 있어서 기후 조건도 좋고 수질도 좋고 사람 살 만합니다. 거기에 뿌네대학이라는 유명한 대학이 있는데, 특히 산스크리트어와 빠알리어*Pāli* 교육으로는 유서 깊은 학통을 이어오고 있습니다. 우리나라에서 승속 간에 많은 분들이 그 대학에 가서 공부를 하고 있었는데, 한국스님들만 열 명 가까이 되었습니다. 거기서 며칠 지내면서 대학도 가보고, 한국 스님들의 지도교수님도 찾아뵙고, 또 교수님 집에 식사 초대도 받았지요. 덕분에 손으로 음식도 먹어보고, 인도 바라문*Brahman*들의 가정생활 모습도 잠깐 들여다보았습니다.

그리고는 부처님 성지순례를 하고 제가 궁금했던 인도의 불교계와 종교계 현황을 둘러볼 수 있었습니다. 오로빈도 아슈람도 들렀고, 유명한 라즈니쉬 아슈람도 들렀고, 위빳사나로 이름을 얻은 고엥카 센터도 방문했습니다. 고엥카도 만나보고, 인도 방갈로르의 마하보디협회Maha Bodhi Society를 창설한 붓다락키따Buddharakkhita 스님도 만나 뵐 수 있었습니다.

성지순례길에 부처님 탄생하신 룸비니Lumbini에 갔습니다. 네팔은 사람들 얼굴이 우리와 비슷하고 편안한 느낌이 마치 고향 같았습니다. 네팔에서 히말라야 초입 트레킹 코스도 잠깐 밟아봤고, 티베트 난민 사원인 라마 사원과 카트만두에 있는 이천 년 역사의 원숭이 사원에도 가보았습니다.

네팔에서 우연히 어떤 농부가 밭가는 장면을 볼 수 있었습니다. 그런데 《숫따니빠아따》에는 〈밭가는 농부경Kasibhāradvāja Sutta〉[1]이 있습니다. 그 경을 보면서 농기구가 대체 어떻게 생겼기에 이런 비유를 하셨을까

궁금하였는데, 현지에서 보니까 상당히 많은 시사를 줍니다. 아주 단순하고 원시적인 보습이었습니다. 그걸 보고서 '아, 이천오백 년 전에도 분명히 저랬을 것이다. 저보다 더 단순할 순 없다.'는 생각이 들었습니다. 그 경에 비유되고 있는 모든 것이 저 농기구 그대로겠다 싶었습니다. 다만 경에는 보습 끈에 대한 말이 나오는데, 그 농부가 사용하는 기구에는 아무리 봐도 없었어요. 이런 현지답사 경험이 경을 이해하는 데 큰 도움이 되었습니다.

여러분은 아마 저보다 인도 여행을 먼저 하셨겠지요. 성지순례 차 여행을 다녀오기도 했을 것이고 인도를 속속들이 잘 아는 분도 있을 겁니다. 불자들이 사대성지四大聖地에 참 많이 다녀가십니다. 현장법사 때

1 "믿음이 씨앗이고 감관수호가 비며 지혜가 나의 멍에와 쟁기라네. 부끄러움이 자루이고 마노가 끈이요 마음챙김이 내 보습 날과 몰이막대라네." 소리 · 일곱《참선과 팔정도》, 고요한소리, 2017.

와는 달리 이제 인도 여행담 같은 건 신기로울 게 없는 시대이지요.

제가 인도에서 특히 확인하고 싶었던 것은 경에 나오는 부처님 시대의 배경, 즉 인도의 땅과 자연 그리고 사람들의 생활양식 같은 것들이었는데, 그 점에서 그런 대로 소득이 많았습니다. 그곳에 사는 한 스님 말씀을 빌리자면, '이천오백 년 전이나 지금이나 인도는 변한 게 거의 없다. 그러니까 부처님 시대를 보려면 지금 인도를 보고서도 능히 추측할 수 있다.'고 합니다. 아마도 상당 부분 타당하지 않을까 생각합니다.

이 자리에서는 제 나름의 문제의식을 가지고 본 인도, 그리고 인도를 보면서 정리해 본 불교에 대한 생각들을 말씀드릴까 합니다.

인도에는 불교가 없다?

인도인들은 힌두교나 불교를 우리와는 좀 다르게 봅니다. 우리는 보통 '인도에는 불교가 없어졌다, 힌두교로 인해 인도 땅에는 불교가 사라졌다, 인도에는 불교가 없다'라고 생각하고 있지요.

그런데 인도인들은 종교와 관계없이 부처님도 인도가 낳은 위대한 성자요 구도자요 또 참 철인哲人이라 보고 자이나 교주라든가 하는 분들도 다 인도가 낳은 성자라는 겁니다. 그렇듯 인도에 여러 성자들이 나와 갖가지 사상을 전개했고, 힌두교가 그 사상들을 인도 대중들이 편하게 수용할 수 있도록 다 수렴했다는 겁니다. 그래서 인도인들은 힌두교야말로 불교, 자이나교, 기타 인도가 낳은 모든 위대한 사상가, 철인, 구도자들의 가르침을 전부 수용한 종교라고 말합니다.

그러니까 인도인들은 부처님도 편하게 대합니다. 훌륭한 분은 모두 신神의 화신이라고 봅니다. 아주 훌륭한 분들은 그분이 뛰어난 사람이라기보다는 신의 화신, 즉 신이 몸을 바꾸어 그 사람으로 나와서 여러 일을 하고 가신 거라는 식으로 생각하는 거지요. 훌륭한 분은 모두 신격화시키니까 맹목적으로 추종하게 되고, 그러다보니까 그분을 대할 때도 종교적인 색깔이 짙어집니다. 이런 신격화 현상이 인도의 특성을 이루고 있는 것 같았습니다.

부처님도 신의 화현이라는 것은 예외가 아니어서 인도인들은 부처님을 힌두 신의 한 분으로서 추종하지요. 부처님은 못된 사람들을 깨끗이 소탕하는 신이라고 봅니다. 석가모니 부처님을 그런 식으로 인식하고 신앙하니까 '힌두교 때문에 인도에서 불교가 없어졌다.'고 말하면 인도인들은 의아하게 여깁니다. 불교가 없어진 게 아니라 아주 발전적으로 힌두교에 용해되었다고 말합니다.

힌두 계통 아슈람 중에 뽕디체리의 오로빈도*Aurobindo* 아슈람에 가보았습니다. 오로빈도는 라다크리슈난*Radhac*

-*hrishnan*과 더불어 근대 인도를 대표하는 양대 철학자의 한 분이었습니다. 힌두 철학의 대표적인 인물이고 세계적인 지성이지요. 그분에 대해서도 관심이 좀 있어서 가보았는데, 그분 저서를 팔고 있습다. 그 책을 보니까 내용은 그대로 불교였습니다. 어디까지가 힌두교이고 어디까지가 불교인지 매우 구분하기가 어려웠습니다. 그렇게 보면 이름이 힌두교이지 사실상 핵심 사상을 이루고 있는 것은 불교라고도 할 수 있을 정도입니다.

이런 식으로 인도에는 힌두교 속에 불교가 들어가 있고, 불교라 불리는 것 속에 힌두교가 분간할 수 없게 뒤섞여 있었습니다. 힌두교 속에 불교가 들어있기는 한데, 그게 많이 왜곡된 것이었습니다. 말로는 힌두교에 불교적 요소가 들어있다지만 그것을 이해하고 실천하는 자세는 전혀 불교적인 모습이라고는 보기 어려웠습니다.

인도 현대 불교의 네 가지 흐름

인도 땅이 하도 넓다 보니까 부처님 시대 이래로 지금까지 불교가 그대로 이어져서 신앙되는 지역도 있다고 합니다. 동북부 조그마한 지역인데, 그리 많은 수는 아니지만 이천오백 년 전부터 지금까지 불교를 믿어오고 있답니다. 그러나 소수의 사람들이 신앙해온 것이니까 불교의 불·법·승佛法僧 삼보三寶가 뚜렷한 모습이라기보다는 그저 신앙으로서 힌두교에 흡수당하지 않고 있다는 정도랍니다.

그 예 말고는 '인도 불교'라고 할 만한 움직임은 최근에야 태동한 것입니다. 근래 인도 불교의 흐름은 네 가닥으로 나누어 생각할 수 있습니다.

그 중에 가장 잘 알려져 있는 것이 소위 불가촉천민들에 의한 불교입니다. 불가촉천민이란 카스트에도 들지 못하는 천한 사람들입니다. 손대면 부정 타고 함께 천해진다고 '불가촉不可觸 the untouchable'이라 합니다.

그렇게 사람 아닌 사람으로 취급받는 불가촉천민의 수가 상당한데, 그 사람들이 모여 믿는 '신 불교New Buddhism'라는 것이 있습니다.

그 불가촉천민 중에 암베드카르Ambedkar라는 지도자가 한 분 나왔습니다. 영국 식민지로부터 해방된 후 인도 정부가 구성될 때 초대 법무장관을 지냈던 그가 불교로 개종을 했습니다. 교육도 많이 받고 영향력이 큰 그가 불교로 개종하는 바람에 수많은 불가촉천민들이 그를 따라서 불교로 개종했습니다. 그걸 인도에서는 신 불교라고 부릅니다.

불가촉천민들은 주로 뭄바이 근처에 많이 살고, 사원도 있다고 합니다. 불가촉천민들은 스스로 신 불교인을 자처하는 경우가 많고, 그래서 인도에서 '불교인'으로 잡히는 통계상 숫자가 주로 그들이라고 합니다. 불가촉천민들에게 있어서 사실상 믿음의 주된 대상은 석가모니 부처님이라기보다 바로 암베드카르입니다. 추종자들은 그를 '보살'이라고 부르면서 완전히 신격화

했습니다. 인도의 다른 훌륭한 사람들처럼 암베드카르 역시 신의 화현이 되었고, 그래서 인도의 신 불교에서 부처님은 희미해지고 암베드카르가 신앙의 대상이 된 셈입니다.

인도 불교의 다른 한 가닥은 달라이 라마를 중심으로 티베트 라마들과 티베트 난민들에 의해서 유지되고 있는데 의외로 수가 많습니다. 사르나트에 있는 녹야원이라든가 붓다가야의 마하보디 사원에 가보니 라마 스님들이 많이 모여 있고, 마하보디 사원 대탑 뒤에도 라마 스님들이 시간 되면 독경도 하고, 평상시에는 따로따로 염불도 하고 있었습니다. 네팔에도 라마 스님들이 난민촌을 형성하고 절을 아주 잘 가꾸어놓고 있었습니다. 티베트 절이 깨끗한 게 상당히 인상적이었습니다. 난민들에 의한 '티베트 불교'가 하나의 흐름입니다.

또 다른 불교 움직임 중 하나가 재가자가 이끄는 '처사 불교'입니다. 소수이긴 하지만 상당히 활기차게 전개되고 있는데, 고엥카 센터를 중심으로 위빳사나 수행을 통해 부처님 가르침에 접근하겠다는 처사 불교가 하나의 신사조입니다.

고엥카*Goenka*라는 분이 미얀마에 가서 우 바 킨*U Ba Khin*이라는 한 스승을 만났는데, 두 분 모두 재가처사들입니다. 거기서 위빳사나 공부를 전수받아 나름대로 한 소식을 얻고는 인도로 돌아와서 불교운동을 펴고 있습니다. 고엥카 센터는 뭄바이 근처에 본부를 두고 여러 군데 지부를 두면서 상당히 의욕적으로 활동하는데, 주로 위빳사나를 가르친다는 게 특색입니다. 특히 외국인들이 많이 오고 인도인들도 열심히 배운다고 합니다. 요컨대 수행 중심의 처사 불교라고 보면 되겠습니다.

한편으로 고엥카는 역경사업소를 차리고 인도의 빠알리어 학자들을 초빙해서 최상의 대접을 하면서 역경 사업을 하고 있었습니다. 그때까지 나온 책을 보니까 미얀마 6차 결집에서 나온 최신 빠알리 경을 산스크리트어를 표기할 때 쓰는 데바나가리*Devanāgarī* 문자로 옮기고 있었습니다. 그 작업이 끝나면 힌디어로 그리고 영어로 번역을 하겠다는 장기적 포부를 가지고 있습니다. 번역 작업을 하는 학자들은 빠알리어 학과 교수들로 전부 힌두교도이기 때문에 불교를 단지 학문적으로만 대할 뿐이었습니다.

한편 처사 불교의 한계라면 거기에는 승가僧伽가 없다는 사실입니다. 평소 불·법·승佛法僧 삼보三寶가 얼마나 중요한지 생각하고 있던 차에 인도에서 보니 승가의 중요성이 더욱 절실하게 느껴졌습니다. '어떤 나라에서든지 토착인의 승가가 형성되기 전에는 진정한 의미에서 불법佛法이 세워질 수 없다.' 이것은 스리랑카에 불교를 전한 마힌다 스님의 말입니다.2 승가 없는 불교란 사실상 본격적인 불교라 할 수 없습니다. 불·법·승 삼보가 갖추어져야 하는데, 승가가 없으면 불교가 반듯하기 어렵다는 것입니다. 가장 기본적이고 상식적인 이 말을 생각해 볼 때, 처사 불교 지도자가

2 보리수잎·하나 《영원한 올챙이》, 고요한소리, 1987.

정말 진정한 자세로 불교를 그 땅에 전하려 한다면, 그리고 불교 정신을 조금이라도 살려내려 한다면, 오히려 승가를 세우고 보호하는 노력을 기울여야 하지 않을까요.

승가의 중요성에 대해 생각하던 바이기에 그분에게 말을 건네 보았습니다. 그에 대한 대답이 '아시다시피 인도에 승가가 있을 여건이 됩니까. 무슨 신도가 있어서 승가 뒷바라지를 하겠어요. 그러니까 지금 우리는 이렇게라도 해서 승가를 뒷바라지할 신도 층을 만드는 단계입니다.'라는 것이었습니다. 고엥카의 말대로 그렇게 승가를 추앙하고 삼보를 받들 자세라 해도 인도라는 환경에서는 어쩔 수 없을 것 같기도 했습니다. 그러나 재가자 불교운동의 한계를 보는 것 같아 가슴이 좀 아팠습니다.

삼보를 구족하지 않을 때는 누구든 신격화의 늪에 빠질 위험성이 크지요. 그리고 소위 위빳사나를 한다면서 거기에 치우치게 되면 과연 팔정도의 바른 마음

18

챙김, 사띠*sati*가 있는지 의심스럽게 됩니다. 사실 '위빳사나만 하면 된다'는 생각 자체가 잘못입니다. 우리나라에도 '승가가 무슨 필요가 있느냐, 수행만 잘 하면 되지' 하는 분위기가 은연중에 퍼지고 있습니다. 그걸 계기로 삼보의 의미를 되새겨 보았는데, 인도라는 불교의 황무지에 가서 보니까 역시 승가가 얼마나 중요한가를 거듭 실감하였습니다.

그리고 마지막 한 가닥은 아주 희귀한 경우입니다. 인도 출신 스님이 승가를 지키며 불교운동을 하는 흐름입니다. 방갈로르에 붓다락키따 스님이 창설한 '마하보디협회Maha Bodhi Society'가 그것입니다. 여러분, 붓다락키따라는 이름, 처음 듣지는 않을 겁니다. 〈고요한소리〉에서 나온 《자비관》이 붓다락키따 스님의 저술입니다. 스리랑카의 불자출판협회Buddhist Publication Society에서는 붓다락키따 스님의 《법구경》 번역을 제일로 칩니다.

이 스님은 바라문 계급인데 일찍이 미얀마에서 출가

하여 공부를 계속하면서 빠알리*Pāli* 경전의 미얀마 6차 결집에도 참여할 만큼 빠알리어에 정통한 스님입니다. 특히 이 스님은 인도 바라문 출신이면서 가장 전통적인 방식으로 인도에서 불교운동을 하고 있었습니다. 젊은 스님들도 있으나 그 수는 미미합니다. 그렇지만 인도 불교의 상황에서 볼 때 마하보디협회는 불교적 정통성을 지킨다는 점에서 매우 독특한 지위를 지닌다고 할 수 있습니다. 앞의 고엥카 센터가 재가자가 이끄는 수행 단체라면, 마하보디협회는 승가에 의한 수행 단체라는 점에서 주목할 만합니다.

붓다락키따 스님은 인도 불교의 재건이라는 원력을 가지고 참 많은 노력을 하고 계셨는데, 인도 현지의 문제를 꿰뚫어 보는 매우 드문 현자 중 한 분입니다.

그 스님 말씀의 핵심은 인도 불교는 인도의 특수한 사정과 연관해서 이해해야지 그렇지 않고 일반적 기준으로 보면 안 된다는 것이었습니다. '달라이 라마도 좋고 또 암베드카르의 신 불교운동도 좋다. 그러나 인도에서 불교가 정말 위엄 있게 인도 국민의 존경을 받는 가르침으로 다시 살아나려면, 미안하지만 이방인이나 천민에 의해서 될 일이 아니다.' 이렇게 그 스님의 속 마음 그대로를 정직하게 이야기하였습니다.

그 스님이 달라이 라마와 친밀해서 달라이 라마를 초청해서 법회를 열기도 하였답니다. 그렇지만 달라이 라마나 암베드카르 추종자들은 인도 불교의 재건이라 는 측면에서 보면 사실상 부정적 요소로서 작용하고 있다는 겁니다. 그 이유는 여전히 카스트 제도가 엄격 히 남아있는 인도 사회에서 '티베트 난민들이 믿는 종 교가 불교다.' 해버리면, 대부분 인도인들에게는 오히 려 장벽을 치는 꼴이 되어버리기 때문이랍니다. '난민 들이 믿는 것을 난민도 아닌 내가 왜 믿어?' 또 '그 불 가촉천민들이 믿는 것을 내가 어떻게 믿어? 나도 불가 촉천민이 되라고?' 하는 풍토니까 불교를 믿지 않게 된 다는 겁니다. 인도인들에게 불교가 이런 식으로 인식 되면 될수록 불교 보급에 막대한 지장이 된다는 겁니다. 인도의 교육 받은 일반인들 또는 지도층인 소위 브라만들은 사실상 암베드카르 이후에 불교를 떠나고 있다고 합니다. 그들이 불교에 대한 관심을 철회하고 있다는 거지요.

카스트 제도로 인하여 불교 재건에 문제가 있다는 사실은 분명해 보였습니다. 그런 현상은 뿌네에서 확인할 수 있었습니다. 뿌네대학교의 산스크리트·빠알리학과 교수들이 모두 바라문 출신이랍니다. 이제까지는 소위 뿌네 학파를 이룰 정도로 번성했는데 후계자가 없답니다. 뿌네에 가까운 뭄바이에 불가촉천민 출신인 암베드카르의 추종자들이 몰려 있고 거기에 절도짓고 하니까, 다른 카스트에 속하는 그 주변의 인도인들이 도무지 빠알리어에도 불교에도 관심을 갖지 않는다는 겁니다. 또한 뿌네대학의 전통 깊은 이 학과에 이제 인도인 학생은 거의 없고 한국인과 소수의 일본인, 그리고 태국인 정도가 열심히 공부하고 있답니다. 사용도 하지 않는 빠알리어, 산스크리트어 공부해 봐야 입에 풀칠하기도 어렵다는 가치관의 변화도 한 요인이겠지만, 설상가상으로 불교가 불가촉천민의 종교처럼 인식되어서 지도층인 바라문들이 관심을 보이지 않는다는 것입니다.

카스트와 불교 문제를 보는 붓다락키따 스님의 견해는 역시 인도 브라만 계급다운 통찰이었습니다. 그 스님은 인도의 소위 교육받은 지성인들에 의해서 불교가 수용되고 신앙될 때, 그때야 비로소 불교가 카스트 사회인 인도의 새로운 종교로서 위치를 점할 수 있지, 그렇지 않고는 안 된다는 겁니다. 어떻게 해서든지 인도의 양가집 자제로 떳떳한 승가를 이루어 인도를 이끌어 나가도록 해야 올바른 불교공부의 터전을 마련할 수 있다는 것이지요. 상류 카스트와 교육 많이 받은 지도층을 기반으로 해야 불교가 저력을 가지고 인도에서 뻗어나갈 수 있다는 입장입니다.

그러기 위해서 그 스님이 할 일은 먼저 상류 카스트 신도를 확보하는 것이지만, 보다 근본적인 일은 빠알리 경을 그 지역 언어로 번역해야 한다는 겁니다. 참으로 경험에서 우러나온 적절한 통찰입니다. 그 지방의 주민들이 손쉽게 읽을 수 있는 경이 확보되지 않고서 어떻게 불교가 가능하겠습니까. 그래서 역경과 법당 짓는 원력을 세웠다고 합니다. 그때 보니까 붓다가야의 대탑 모양으로 법당을 짓고 있었어요. 그 스님이 젊을 때 성지참배를 하고는 대탑 모양의 절을 짓겠노라고 원력을 세웠다 합니다. 그런데 도저히 그렇게 크게 지을 힘은 없고 시멘트로 조그맣게 짓고 있었습니다. 그런 원력만 가지고 북인도 출신 젊은 스님들 십여 명과 함께 외로운 노력을 하고 계십니다. 당시 그 스님은 74세의 고령이었는데 정력적으로 수행하면서 고군분투 포교운동을 하고 있었습니다.

여러분도 붓다락키따 스님의 고민을 통해 알 수 있겠지만, 인도 사회의 카스트 제도는 우리가 생각하는 이상으로 벽이 두텁습니다. 부처님 당신도 카스트로서는 크샤트리야 계급에 속한다는 것을 여러분도 아시지요. 제1계급인 바라문이 아니고 제2계급인 크샤트리야에 속합니다. 그러면서 상수제자는 바라문을 택합니다. 즉 사아리뿟따, 목갈라아나 이 두 분은 부처님과 같은 크샤트리야가 아니라 바라문입니다. 그 두 분이 첫 제자인 다섯 비구도 아니고 출가도 꼭 이른 편만은 아니었는데, 부처님이 왜 그 두 분을 상수제자로 했을까 라는 의문이 있었습니다. 어쩌면 카스트 때문일지도 모른다고. 인도에 가서 보니까 그렇게 생각하는 것도 합리적일 수 있을 것 같습니다.

부처님이 그러한 카스트를 어떻게든지 없애려고 참으로 노력하셨습니다. 불교는 카스트를 거부하는 것이 기본자세였습니다. 그러나 인도는 너무나 카스트적인 사회였습니다. 그 때문에 불교의 그 고매한 보편적 정신을 인도는 끝내 수용해내지 못하고 만 것입니다. 불교가 카스트제도를 거부하는 자세 때문에 인도 사회에서 벽에 부딪혔고, 결국 인도 불교는 쇠락을 맞은 겁니다. 요컨대 불교는 카스트를 초월했기 때문에 보편성을 얻었다가 바로 그 카스트의 장벽 때문에 쇠퇴한 겁니다. 인도에서 불교가 사라졌다고 하는데, 실은 세력을 잃고 카스트 안에 용해되어 버린 셈입니다. 그것이 힌두교입니다.

고엥카도 보고 붓다락키따 스님도 만나봤기 때문에 두 사람을 아주 생생하게 비교할 수 있었습니다. 두 분 연세는 70대로 비슷한 것 같았어요. 그런데 붓다락키따 스님은 무척 겸허한 분이었습니다. 뛰어난 학자이지만, 조금도 표를 내는 법 없고, 그야말로 향상을 이루어가고 있는 한 인간의 모습을 잘 보여주었습니다. 그런데 고엥카 센터에는 승가는 없고 일정한 규칙과 절차를 정해놓고 권위적인 모습만 있었습니다. 거기서 승가의 중요성을 절감하지 않을 수 없었습니다.

그리고 인도에서 승복이란 게 참으로 소중한 것임을 다시 느꼈습니다. 승복은 제복이 아닙니다. 부처님 가르침을 따르는 승가에 조직은 없습니다. 승가는 조직이 아닙니다. 그리고 우리 스님들은 조직의 일원이 아닙니다. 그래서 제복이 없습니다.

우리 스님들이 입는 이 승복은 본래 인도에서 시체를 쌌던 천이나 못쓰게 되어 버린 천으로 만들었고, 이미 용도가 끝나서 버려진 천을 주워 깨끗이 빨고 황토 물에 염색해서 만드는 것입니다. 어떠한 자원 손실도 입히지 않는다는 취지에서 철저하게 버려진 것을 입는 게 원래 승가의 승복입니다. 따라서 제복하고 성격이 다릅니다. '승복 값을 하는' 스님들은 어떤 경우에도 권위를 탐하지 않습니다. 승가정신에 걸맞게 사는 스님들은 권력을 탐하지 않고 권위를 탐하지 않고, 따라서 어떠한 우상화나 신격화도 바라지 않습니다.

앞서 말한 붓다락키따 스님의 뜻은 참 고고하고 열정적입니다. 그렇지만 현재로 봐서는 불교의 중흥을 기약하기에는 인도의 장벽은 너무나 두텁고, 인도의 대지는 너무나 넓다는 생각입니다. 인도 형편을 보면 붓다락키따 스님의 원력도 대단한 것이지만 이분의 노력이 뻗어나가려면 적절한 시절 인연을 만나야 할 텐데요.

이렇게 인도의 불교 움직임은 네 가지 흐름이 있는데, 그 중에서 직접 만나 본 고엥카 처사와 붓다락키따 스님을 중심으로 인도 불교의 현실과 가능성을 짐작해 보았습니다.

계·정·혜 문화권

불교는 계·정·혜戒定慧 삼학三學을 가르칩니다. 계·정·혜는 불교공부의 대요大要입니다. 삼학은 팔정도八正道를 세 가지로 정리한 것이라고 하지요. 팔정도의 여덟 가지를 크게 나누면 삼학이 된다고 알고 있습니다. 그런데 지금부터 우리 생각의 무대를 조금 넓혀 봅시다.

개개인이 삼학을 공부하고 그래서 향상을 성취한다는 건 당연합니다. 그런데 '인류라는 집단은 어떤가, 인류도 공부하고 향상하는 게 아닌가, 인류도 문화권마다 공부하고 향상하는 한 단위가 될 수 있지 않겠나?' 하는 생각을 해봅니다. 그러면 인류는 어떤 공부를 해왔을까요? 아마 인류도 계·정·혜 삼학을 닦아오지 않았겠나 하는 생각이 듭니다.

　지구상 인류의 공부 전통은 세 가닥으로 나눌 수 있을 겁니다. 하나가 우리가 사는 동양東洋이지요. 중국을 중심으로 한 유교 문화권입니다. 다른 하나는 인도를 중심으로 한 문화권인데, 그걸 우리가 남양南洋 문화권이라고 불러봅시다. 규모는 작을지 모르지만 그 공부의 특색에 있어서는 하나의 문화권을 형성한다고 볼 수 있습니다. 그리고 서양西洋입니다. 서양은 이집트 문명도 바빌로니아 문명도 메소포타미아 문명이나 유태 문명도 그리고 그리스 문명도 있었습니다만, 그것을 '지중해 문명'으로 뭉뚱그려도 크게 틀리지 않을 것입니다. 지중해를 중심으로 한 이 문화는 기독교와 서구 사상을 중심으로 광범위하게 퍼져나갔으니까, 지금의 미국을 위시한 남·북미 대륙이나 호주까지도 포

함하겠지요. 그걸 서양 문화권이라고 봅시다.

마야 문명처럼 과거에 잠시 나타났다가 사라져버린 건 빼고, 지금도 의미 있게 인류 역사에 동참하고 있는 문화권은 크게 세 가지로 나눌 수 있다는 겁니다. 동아시아의 동양권, 인도양 중심의 남양권, 지중해 중심의 서양권. 결론부터 말하면 동양, 남양, 서양의 순서 꼭 그대로가 계 · 정 · 혜 삼학을 공부했더라는 말입니다.

우선 우리 동양 문화부터 봅시다. 인도에서 보니까 우리가 그렇게 '형식주의, 격식주의, 구태의연하고 낡아빠진, 그래서 발전에 지장만 있고 서구에 뒤떨어지게 만든 원흉'이라고 매도한 격식과 체면 차리는 것, 그것이 근본적으로는 인류의 한 부분인 동양이 계戒를 공부한 것이더라는 겁니다. 요컨대 동양 문화의 틀 속에서 열정껏 추구해 온 것이 계 공부가 아닌가 하는 생각이 들었습니다.

그렇게 볼 때 동양은 계라는 가치관을 대단히 높이 보고, 계 공부를 열심히 한 문화권입니다. 계율戒律의 측면에서 동양 문화권은 불교를 품어서 그 나름의 체계를 종합적으로 이루었습니다.

동양 문화권은 유교가 단적으로 대표하듯이, 또 조선의 성리학이 우리에게 잘 보여주었듯이 계의 측면에서 지구상에 일찍이 나타났던 어떠한 문화보다도 탁월합니다. 불교 용어로 말하자면 율의律儀, 계율과 의범, 이 측면에 있어서는 동양이 단연코 압권입니다.

중국의 성리학은 사실상 유교와 불교의 합작품입니다. 유교 전통에서 불교를 받아들여 체계화한 것이지요. 성리학에서 절정을 이룬 그 노력을 그냥 '중국적인 것'으로 치부해서 간단히 넘길 일이 아닙니다. 성리학은 불교의 눈으로 유교를 재해석한 것이고 동양인의 불교 수용이 만들어낸 하나의 결산이자 정화입니다. 그래서 계의 측면에서는 어느 타 문화권에서의 시도보다 성공적이었다고 보입니다. 인류 향상을 위한 노력의 한 가닥으로서 계율 공부라는 측면에 장족의 발전을 이룬 한 성과라고 평가할 수도 있지 않겠습니까.

일단 계 공부는 동양인이 우등생이었다고 해둡시다.

인도는 그 땅 자체가 종교적이지요. 기후 환경으로 인하여 사람들의 정신적 활동이 종교적으로 되는 것은 어찌 보면 필연적인 것 같았습니다. 인도인들은 모든 것이 신이고, 신의 뜻이라 보지요. 그 사람들이 신을 믿는 건 단순한 종교가 아닙니다. 그건 삶입니다. 대부분 그 척박하고 메마른 인도 땅에서 신을 믿고 의지하는 것은 보통 근기의 중생들에게는 삶의 방편이기도 하지요. 그 사람들이 신을 좋아하고 종교적 취향이 있어서이기도 하겠지만 그러지 않고는 못 살게끔 되어 있으니까 신앙에 매달리는 것 같습니다. 요는 제가 받은 인도의 첫 인상은 '자연과 인간과 동물이 모두 한데 어울려 같이 공존하면서 조금도 위화감이 없이 지내는 특수 세계이다'라는 것입니다.

여러분, 힌두교에 춤추는 시바 신상이 많이 있잖아요? '춤추는 신'이라기보다 오히려 '춤추는 마아야*māyā*'가 아닌가 싶어요. 마아야*māyā*라는 말은 허깨비, 환幻

이란 뜻이지요. 그런 의미에서 '춤춘다'는 게 참 공감이
가고, 인도를 '춤추는 환'으로 볼 수 있지 않을까 생각
했습니다. 모두가 어울려 혼연일체를 이루면서 어딘가
에 빠져들어 가고 있는데, 그 빠져들어 가는 곳, 그게
저는 종교라고 보았습니다. 인도의 자연 그대로가 종
교적인 분위기를 연출한다고나 할까요. 그런 인도 대
륙에서 종교와 떨어져 자신을 가누고 산다는 것은 특
별한 노력이 없으면 안 될 일처럼 보였습니다.

부처님 시대에도 마찬가지입니다. 정定 공부는 부처
님이 처음 가르치신 게 아닙니다. 부처님 나오실 때
이미 정 공부가 전통으로 내려오고 있었지요. 정 공부
는 모헨조다로 시대부터 인도 원주민들 사이에서 내려
오고 있었다고 합니다. 그러니까 부처님도 처음 출가
해서 정을 배웁니다. 부처님이 출가하자마자 스승들을
찾아가셔서 최상승의 정으로 치는 무색계無色界의 제
일 높은 무소유처無所有處와 비상비비상처非想非非想處
라는 정을 이루셨지요.

그런 인도적 배경에서 왜 부처님이 유독 빤냐paññā
〔般若, 慧〕와 사띠sati, 즉 바른 마음챙김〔正念〕을 강조하
셨는지 실감이 났습니다. 정定 문화가 뿌리 깊은 인도
에서는 환으로 빠져들지 않기 위해 바른 마음챙김인
사띠의 필요성이 자연히 우러나오는 것이라 할 수 있
습니다. 부처님이 사띠를 강조하신 것은 그 뭔가 자꾸
몽롱하게 젖어드는 인도의 종교적인 정 문화 분위기
속에서 정신을 딱 차리고 허깨비, 환에서 벗어나 자기
마음이나 바깥 경계를 두 눈으로 똑똑히 지켜보라는
가르침 아니겠습니까. 사띠는 정신 차림, 바른 마음챙
김이지요.

부처님이 그토록 강조하신 빤냐〔慧〕와 사띠는 인도
에서만 아니라 동서고금을 막론하고 누구에게나 예외
없이 필요한 것입니다. 여러분이 정定 공부를 할 때 반
드시 바른 견해〔正見〕를 갖추고 바른 마음챙김〔正念〕을
통해 바른 정, 즉 바른 집중〔正定〕으로 나아가야 합니
다. 인도의 정 문화 풍토를 보면서 지혜와 바른 마음

34

챙김이 있는 바른 정定 공부가 얼마나 중요한지 새삼 새겨보게 되었습니다. 우리 현대인들이 또 다른 '허깨비, 환'으로 빨려 들어가지 않으려면 그야말로 사띠를 통한 바른 정 공부가 절실합니다.

이제 서양을 생각해보면 그곳은 현재 과학 기술로 대표되는 '혜慧의 문화'입니다. 분명 과학 기술은 지식을 기반으로 하는 넓은 의미의 혜로부터 나오는 것 아닙니까? 그리고 이 '혜의 문화'가 계와 정의 두 문화를 누르고 지배하는 것이 현재 인류의 상황이라고 볼 수 있겠습니다.

아카데미즘의 전통 면에서 보아도 사실상 서양 학문 분야가 압도적으로 우세합니다. 동양에도 동양 나름의 논리학과 학문 전통이 있습니다만, 서양에서는 그걸 '유사 과학' 정도로 봐왔습니다. 모의 과학, 준 과학이라는 거지요. 사실상 눈에 보이는 과학적 결과를 내는 측면에서 보면 서양의 논리학과 사고방식이 압도적입니다.

서양의 논리는 아카데미즘의 전통으로 꾸준히 발전

해 왔습니다. 그것이 옛날에는 철학philosophy이라는 이름으로, 그 다음에는 과학science이라는 이름으로, 그리고 오늘날에 와서는 다시 기술technology로 이어졌습니다. 오늘날은 컴퓨터와 정보 기술 같은 고도의 테크놀로지가 온 지구를 둘러싸고 있습니다. 지식 면에서 고도로 발달한 서양 과학 기술이 지구를 덮고 있는 형국입니다.

인도에 가면서 긴 시간 비행기를 탔습니다. 비행기는 현대 과학 기술의 정화이지요. 대단한 기술의 집합이자 총제적인 표현이라고 볼 수 있고, 이게 바로 신통력이라고 생각했습니다.

여러분, 단숨에 먼 거리를 가는 축지법이나 가부좌한 채로 허공을 나는 소위 신통력 이야기를 들어보았지요? 예로부터 동·서양을 막론하고 모두 신통력을 꿈꾸고 추구해 왔다고 할 수 있는데, 비행기를 타보니까 신통력 경쟁에서는 서양이 압도적 우세이고 이미 그건 판정승이 났다고 하겠습니다. 비행기가 그 엄청

난 무게의 짐을 싣고 가뿐하게 떠서 구만 리 장천을 대붕처럼 나는데 감탄이 절로 나더군요. 이것이 바로 지혜의 소산 아니겠습니까.

남양권의 인도인들이 선정을 통해서 꿈꾸고, 또 동양권 사람들이 도술을 통해서 꿈꾸던 신통력을 일단 물리적인 측면이긴 하지만 서양에서 이루어냈다는 겁니다. 세 문화권이 세속적인 오신통五神通, 즉 천안통天眼通·천이통天耳通·숙명통宿命通·타심통他心通·신족통神足通을 이루려고 노력해 왔는데, 현재까지는 서양 문화가 앞선 것이 사실입니다. 그래서 서양의 혜가 지금 세상을 지배할 정도로 대단히 발달했다고 볼 수 있겠습니다. 서양의 과학 기술은 인류가 추구해 온 지혜의 한 모습인 것입니다. 요컨대 동양 문화권은 계를, 남양 문화권은 정을, 서양 문화권은 혜를 각각 공부해 온 것으로 볼 수 있습니다.

계·정·혜 구족과 중도中道

우리가 개인적으로 계·정·혜를 추구하듯이 인류는 세 가닥 문명으로 살면서 문화권에 따라 동양은 계에, 남양은 정에, 서양은 혜에 치중해서 공부해 왔지요. 어쩌면 그 문화권이 지금까지 살아남은 것도 따로따로나마 계·정·혜를 추구했기 때문일지도 모른다고 생각합니다. 그런데 그 내용과 상황을 좀 더 깊이 들여다볼 필요가 있습니다. 인류가 과연 정계正戒, 바른 계를 공부했을까요? 정정正定, 바른 정을 공부했을까요? 정혜正慧, 바른 혜를 공부했을까요?

먼저 동양의 계戒 문화를 보아도 그렇습니다. 앞에서 본 바와 같이 인류가 계율 쪽에 기울인 노력의 가장 발전된 모습 중 하나가 성리학이라 볼 수 있지만, 그 극단적 양상의 폐해도 적지 않습니다. 그런 점에서 동양권이 진정 정계正戒, 바른 계 공부를 했다고는 보기 어렵습니다.

그리고 인도의 정定 공부를 생각해 보면 인도에 정은 있는데 과연 정정正定, 바른 정이 있는가 하는 합리적 의심을 할 수밖에 없습니다. 인도에는 정을 닦는 사람들이 도처에 흔히 있습니다. 그렇지만 기후 풍토가 사람과 축생 전부를 몽롱한 상태로 몰아넣고 모든 것이 신격화되고 종교화되어 버리기 때문에 대개 뭔가 환상 속에 있는 정일지는 모르지만 바른 정이라고 보기 어려운 면이 있습니다. 부처님이 인도에서 정을 설하시면서 왜 정정, 바른 정을 강조하셨는지 인도 현실에서 볼 때 더욱 뚜렷하게 드러납니다.

서양이 추구한 지혜도 봅시다. 이는 단순히 추상적 지혜에 머물지 않고, 바로 우리 눈앞에 보이는 힘으로 나타나 있습니다. 그 힘이 너무 강한 것이 문제입니다. 핵무기의 파괴력이 너무 강하니까 인류를 전멸시킬 수도 있고, 건설과 개발의 힘이 너무 강하니까 우리가 사는 이 땅덩어리가 무방비로 오염되고 침탈되고 약탈되고 파괴되고 있습니다. 지구가 과학 기술 앞에 너무

왜소해져서 옛날에 생각하던 '무한의 대지'는 이미 사라졌습니다. 인간의 힘은 가공스러워져서 이제는 오히려 지구가 인류 앞에 전전긍긍합니다.

프란시스 베이컨이 '아는 것은 힘이다' 했지요. 아는 것이란 지혜를 의미하는데 그러나 서양인에게 아는 것은 곧 힘입니다. 힘을 추구하는 쪽으로 지혜의 가닥을 잡아온 것이 서양입니다. 그 지혜는 불교에서 말하는 잘못된 혜慧입니다. 혜는 혜인데 잘못된 혜인 것이지요. 핵폭탄을 만들어 놓고 서로를 협박하고 있는 게 잘못된 혜이지, 그게 바른 혜입니까? 그 서양의 잘못된 혜가 그물망처럼 이미 지구촌을 덮고 있습니다.

지식을 발전시킨 측면에서는 인류가 대단히 성공적이었습니다. 그러나 너무 지나치게 성공했어요. 그 힘이 너무 강하다는 말입니다. 일종의 혜인 것은 분명한데 극단에 치우쳐서 중도中道를 상실한 혜입니다. 그래서 우리로 하여금 대단히 불행하게 만드는 혜가 되었다는 것입니다. 이것이 우리가 당면하고 고뇌하고 있는 현실입니다.

요약하면 다음과 같이 말할 수 있겠습니다.

'동양인은 계戒를 발전시키는 데 소질도 있고 남다른 재능도 있고, 그 계가 사회 체제에도 도움이 되었지만, 정定과 혜慧를 같이 구족하는 노력은 성공하지 못했다. 인도는 정의 능력은 탁월하고 또 자연도 도와주는데, 혜나 계가 제대로 자리 잡는 데는 실패했다. 서양 사람들은 혜를 발달시키는 데 공전의 대성공을 거두었지만, 그 결과 오늘날 인류가 이렇게 비극적이고 위험천만하게 된 것은 계와 정이 없는 혜로 치우친 결과이다.'

오늘날 인류는 그야말로 일찍이 없던 대위기에 접근해가고 있습니다. 낭떠러지를 향해서 다가가고 있습니다. 잘못된 지식, 잘못된 지혜 때문이요, 또 그 힘 때문입니다. 그 힘이 너무 크고 그 힘 앞에 개개인의 존재는 너무나 미약합니다. 이것이 오늘날 문제의 근본 소재지 같습니다. 그래서 우리가 고민하는 것 아닙니까? 이걸 어떻게 파악하고, 어떻게 해결해야 하며, 그

해결을 위해서 어떤 접근의 길을 찾아야 할 것인가?

인류 전체로 보면 향상을 위한 공부를 해 왔습니다만 계·정·혜 삼학을 따로 따로 했기 때문에 문제가 되었습니다. 동양은 계에 치중해 왔고, 인도는 정에 치중해 왔고 서양은 혜에 치중해 왔지요. 요컨대 계 공부하는 사람은 계에, 정 공부하는 사람은 정에, 혜 공부하는 사람은 혜에 치우친 결과입니다. 계를 위한 계로 극단화되었고, 정을 위한 정으로 극단화되었고, 혜를 위한 혜로 극단화되어서 그 어디에도 '중도가 없다'는 말입니다. 이것이 오늘날 우리가 바로 온몸으로 부딪히고 있는 극단화 문제의 근원입니다.

이렇게 볼 때 계·정·혜는 반드시 구족되어야만 합니다. 이것이 구족 사상인데, 그 내용의 핵심은 바로 중도입니다. 우리는 다시금 부처님이 설하신 계·정·혜 삼학이 구족된 중도사상을 새롭게 인식하고 지금 여기에서 실천하는 길로 방향을 돌리지 않으면 안 됩니다. 그러면 중도를 어떻게 실천할 것인가? 실천도로서 중도는 결국 계·정·혜 삼학을 구족하는 것이라 생각합니다. 계·정·혜를 빠짐없이 다 갖추어야 하고, 뭔가 빠지면 빠진 만큼 불완전해서 원만하지 않으며 모가 나고 치우치게 됩니다.

중도는 부처님 가르침의 핵심 중 핵심입니다. 계나 정이나 혜는 중도에 이르기 위한 방편입니다. 부처님은 〈초전법륜경初轉法輪經〉에서 중도를 말씀하시고, 팔정도八正道, 즉 바른 견해〔正見〕, 바른 사유〔正思〕, 바른 말〔正語〕, 바른 행위〔正業〕, 바른 생계〔正命〕, 바른 노력〔正精進〕, 바른 마음챙김〔正念〕, 바른 집중〔正定〕을 말씀하시고, 그리고 사성제四聖諦 즉, 고성제苦聖諦, 집성제集聖諦, 멸성제滅聖諦, 도성제道聖諦를 말씀하셨습니다. 여러분! 예사로 생각하지 마십시오. 계·정·혜는 중도에 이르기 위한 방편으로서 의미가 있는 것입니다.

불교는 계를 기본으로 합니다. '계가 없는 정은 올바른 정이 될 수 없다'고 부처님이 누누이 강조하십니다. 그리고 정이 없는 혜는 올바른 혜가 아닙니다. 요컨대

혜는 반드시 계와 정과 함께 서로 도와야 합니다. 계·
정·혜가 따로따로 분리되면 의미가 없고 세 가지를
구족할 때, 그때에야 비로소 부처님 가르침의 핵심인
중도가 실현되는 것입니다. '계·정·혜 삼학, 즉 팔정
도를 구족함이 중도이고, 이 중도를 실천해 나아가는
것이 불교이다.' 이렇게 정리할 수 있습니다.

그런데 불교의 역사도 인류 역사와 마찬가지로 이
구족함을 허물어뜨리는 역사라 할 수 있습니다. 시대
가 지날수록 부처님 가르침을 점점 단조화單調化시키
면서 '정定만 잘 하면 돼, 염불만 하면 돼.' 이런 식의
극단화로 흘러갔습니다.

이런 단조·단순화를 저는 '유唯 자 돌림'이라고 합니
다. '오로지 이것만 하면 된다.'는 생각이지요. 유물론
唯物論, 유일신론唯一神論처럼 '오로지 유唯' 자가 붙은
게 얼마나 많습니까. 불교사에도 유식론唯識論이라는
게 나오고, '일체유심조一切唯心造'라는 유심도 나오고,
유 자 돌림이 많습니다. 화두 하는 분은 오로지 화두,

위빳사나 하는 분은 오로지 위빳사나라는 식이지요.

부처님 시대 이후 세월이 흐르면서 중생들의 근기에 맞추려 노력하다 보니 '유唯 자 돌림'이 유행하게 된 것입니다. 지도자들이 일부러 잘못 가르치려고 한 것이 아니라 사람들 근기에 맞추어 만병통치약을 제공하려다 보니까 그렇게 된 것이지요. '그거만 하면 다 돼, 깨치면 그만이야, 깨치면 다 하나야.' 바로 그런 사고방식으로 불법 공부도 했던 겁니다. 그렇지만 그것을 뒤집어 말하면 '부처님도 법도 삼보도 필요 없어'라는 말과 같습니다. 이렇듯 유唯 자가 나와 퍼질 때마다 인류가 극단으로 치우치게 되고 폐단을 낳기 때문에 문제는 참으로 심각합니다.

중도가 이처럼 중생들에게 받아들여지기 힘들 것을 잘 아시면서도 부처님은 중도를 말씀하셨습니다. 왜 그러셨을까요? '하나만'이면 된다는 유唯 자 식으로 치우치는 그 밑바닥에는 지적 나태가 도사리고 있습니다. '그저 하나만 열심히 하면 된다'고 하면서 그걸 열

심히 하는데, 그것은 계·정·혜 구족이라는 입장에서
볼 때 참으로 나태한 것입니다. 그런 사람들은 '왜 계·
정·혜를 구족해야 하며, 어떻게 구족해야 하는가?'를
생각조차 하지 않지요. 그러나 사정이 아무리 그러하
더라도 바르게 공부하고자 한다면 끊임없이 계·정·
혜의 구족함에 대해 물어야 하고, 그것이 바로 근본을
파고드는 성실한 자세입니다.

　요즈음 위빳사나 수행을 많이 이야기하고 있는데,
이 역시 하나의 '유 자 돌림'의 오류입니다. 위빳사나는
혜와 깨달음 쪽으로 자꾸 치우치다 보니 삼학을 구족
하지 못하고 어느덧 기법적인 접근이 되어갈 위험성이
농후합니다. '오로지 위빳사나!'라면 불균형이지요. 그
러니까 결국 프로그램이 되고, 상품이 되는 겁니다. 그
어느 것도 계·정·혜 삼학을 구족하지 못하면 치우칠
수밖에 없고, 치우치면 바른 길로 갈 수 없지요. 우리
가 부처님 제자 된다는 것은 정定만 배운다는 게 아닙
니다. 정만 닦는다면 부처님 가르침을 배운다 할 수

없습니다.

불교는 중도를 내세움으로써 인간 완성인 해탈·열반의 경지를 제시했습니다. 바로 그 때문에 불교는 종교의 영역을 탈피하는 데 성공했습니다. 만약 불교의 핵심에 중도가 없었다면, 인류의 다른 노력들처럼 불교도 이데올로기나 종교의 범주를 탈피하지 못했을 겁니다.

오늘날 위기에 처한 인류 문명 앞에 불교가 제시하는 길은 바로 중도라고 생각합니다. 불교는 중도로써 계·정·혜 각각에 치우쳤던 인류의 정신을 조화롭게 결합하고 차원을 높여 낭떠러지로 다가가는 인류를 들어 올려서 바야흐로 더 큰 향상의 길로 안내할 수 있다고 보는 것입니다.

지금이야말로 이천오백 년 전에 설하신 부처님 가르침이 지구촌의 전 인류에게 비로소 의미 있는 가르침으로 다가오는 절호의 기회라고 생각합니다. 부처님이 법을 설하신 이래로 전 인류가 불법을 수용할 만큼 성숙하고 올바로 향유할 수 있게 된 시대에 이른 게 아닌가 합니다.

부처님 나오시고 직계 제자들이 부처님 가르침을 바르게 잘 받아 실천하던 것은 시간적으로도 짧거니와 공간적으로도 지극히 제한되어 있었습니다. 그런 현상은 그야말로 지구 역사상 이례적인 예외 사항이었지 인류 전체의 모습이었다고 할 수는 없습니다. 인도에서 잠시 드높은 광휘를 발휘했던 불법은 인도화해 버리고, 그리고 세월이 흐를수록 세속화의 길을 걸었습니다. 그렇게 보면 부처님 법이 진리의 모습 그대로 인류의 가슴에 다가와 인류를 진정으로 향상시키는 것은 후대의 일로 보류되어 왔다고 여겨집니다.

지금 이 시점에서 우리는 인류가 문화권별로 여태까지 따로 해온 계·정·혜 공부를 오늘 이 현실에서 어떻게 통합하여 정말 필요한 삼학으로 살릴 수 있는가를 깊이 생각해야 할 것입니다. 그건 인류 전체가 풀어야 할 문제입니다. 이제까지 인류가 계·정·혜 삼학을 추구하긴 했는데, 모두 치우친 계, 치우친 정, 치우친 혜가 되어 오늘날을 이렇게 암담하게 만들고 있지 않습니까. 그러니까 우리는 지금부터 부처님 가르침을 따라 인류가 계·정·혜 삼학을 올바로 구족하도록 노력하지 않을 수 없습니다. 그래야 우리가 지금 이 지구에서 사는 존재 의미를 비로소 찾을 수 있을 것입니다. 계·정·혜를 구족하는 것은 사람다운 사람으로 성숙하는 길이기 때문에 반드시 성공해야 합니다. 그리하여 마침내 인류는 훌륭한 공부의 성과를 바탕으로 '새로이 법이 중흥하는 시대', 즉 부처님 원래 가르침을 되살리는 법의 시대를 구가할 수 있을 것이라 믿어 마지않습니다.

새로운 '법의 시대'를 위하여

새로운 법의 시대! 누가 어떻게 할 것인가? 인도는 불교를 낳은 곳입니다. 앞서 말한 바와 같이 인도는 일찍이 불교를 접하고는 자기들 입맛에 맞게끔 요리해서 소화시켜 버렸습니다. 불교는 힌두교로 흡수되어 버린 겁니다. 인도인들은 종교적 분위기 속에서 편안하게 머물면서 새삼스럽게 불교에 대한 필요성은 느끼지 않는 것 같습니다.

불교를 낳은 인도가 못한다면 새로운 법의 시대를 누가 감당해야 하는가? 이것이 제 화두입니다. 인도 불교 현황을 보면서 맑고 푸른 한국의 가을 하늘이 떠올랐습니다. 우리 한국 불교는 전통적으로 계·정·혜 삼학을 고루 닦아왔기에 불법의 핵심인 팔정도 공부를 하고자 할 때 선택받은 환경이라는 생각이 들었습니다. 팔정도를 통하여 계·정·혜 삼학을 구족하려는 분상에서 볼 때는 한국처럼 좋은 곳이 있는지 모르겠습니다. 그 좋은 자연적·역사적 환경을 새롭게 살려내려면 '오로지 하나만' 하는 식의 태도를 버리고 폭넓게 공부하는 시선을 갖추어야 할 것입니다. 천육백 년 불교를 살아온 우리는 노장답게 긍지를 가지고, 스리랑카불교도 배우고, 미얀마불교도 배우고, 중국불교도 다시 인식하면서 그 모든 것의 장단을 살필 수 있는 여유를 반드시 가져야 합니다.

앞으로 한국 불교가 여유를 가지고 크고 넓은 안목으로 모든 것을 다시 볼 수 있다면 새로운 가능성이 열릴 것입니다. 전통에 제약받지 않고, 격식과 제도에 구애되지 않는다는 점에서 한국 불교야말로 정말 자유로이 공부할 수 있는 풍토를 제공하고 있습니다.

우리는 적어도 불법을 알고 불법을 생활에 적용하면서, 나 자신만이 아니라 다음 세대와 인류를 생각하는 그런 보편적 눈을 가져야 합니다. 불법은 보편법입니다. 불법은 전체를 생각하고 전체의 이익을 생각하는 큰 진리입니다.

그야말로 이 넘쳐나는 지식과 잘못된 혜가 폭풍처럼 휩쓰는 시대에 제정신을 수습하고 바른 마음챙김〔正念〕을 해야 합니다. 인도에도 기대하지 말고, 남방 위빳사나에도 기대하지 말고, 서양 과학 기술에도 기대하지 말고, 우리 전통에도 기대하지 말고, 정치가나 경제인, 과학자, 기술자 들에게도 기대하지 말고 우리 불자 스스로 바른 불법 공부를 시작해야 합니다. 그리하여 새로운 법의 시대를 열어가야 합니다.

불법 공부의 시발은 계이니까 계부터 차근차근 살펴서 바른 계를 닦고 그 위에 바른 정, 그 위에 바른 혜를 쌓아 올리고 다시 또 바른 계, 바른 정, 그리고 바른 혜를 끊임없이 쌓아 올려야 합니다. 이렇게 팔정도를 걸어 나아가야 합니다. 오늘날 인류가 부닥치고 있는 모든 고뇌에서 헤어나는 길, 그 길은 바로 팔정도입니다. 팔정도의 실천에서 해결의 길을 찾자는 말입니다. 오늘 이 자리 역시 계·정·혜 삼학을 구족하여 팔정도를 실천하고자 결심하는 새로운 계기가 되기를 기원합니다.   ❀

말한이 **활성 스님**

1938년 출생. 1975년 통도사 경봉 스님 문하에 출가. 통도사 극락
암 아란야, 해인사, 봉암사, 태백산 동암, 축서사 등지에서 수행
정진. 현재 지리산 토굴에서 정진 중. 〈고요한소리〉 회주

엮은이 **김용호**

1957년 출생. 성공회대학교 문화대학원 교수(문화비평, 문화철
학). 현재 스리랑카에서 출가하여 정진 중

〈고요한소리〉는

·   붓다의 불교, 붓다 당신의 불교를 발굴, 천착, 실천, 선양하는 것을 목적으로 설립되었습니다.

·   고요한소리 회주 활성스님의 법문을 '소리' 문고로 엮어 발행하고 있습니다.

·   1987년 창립 이래 스리랑카의 불자출판협회(BPS)에서 간행한 훌륭한 불서 및 논문들을 국내에 번역 소개하고 있습니다.

·   이 작은 책자는 근본불교를 중심으로 불교철학·심리학·수행법 등 실생활과 연관된 다양한 분야의 문제를 다루는 연간물連刊物입니다. 이 책들은 실천불교의 진수로서, 불법을 가깝게 하려는 분이나 좀 더 깊이 수행해보고자 하는 분에게 많은 도움이 될 것입니다.

·   이 책의 출판 비용은 뜻을 같이 하는 회원들이 보내주시는 회비로 충당되며, 판매 비용은 전액 빠알리 경전의 역경과 그 준비 사업을 위한 기금으로 적립됩니다. 출판 비용과 기금 조성에 도움주신 회원님들께 감사드리며 〈고요한소리〉 모임에 새로이 동참하실 회원을 기다리고 있습니다.

·   〈고요한소리〉 책 읽기와 듣기는 리디북스(RIDIBOOKS)와 유나방송에서 만나볼 수 있습니다.

- 〈고요한소리〉 회원으로 가입하시려면,
  이름, 전화번호, 우편물 받을 주소, e-mail 주소를 〈고요한소리〉
  서울 사무실에 알려주십시오.
  (전화: 02-739-6328, 02-725-3408)
- 회원에게는 〈고요한소리〉에서 출간하는 도서를 보내드리고, 법
  회나 모임 · 행사 등 활동 소식을 전해드립니다.
- 회비, 후원금, 책값 등을 보내실 계좌는 아래와 같습니다.

국민은행 006-01-0689-346

우리은행 004-007718-01-001

농협　　 032-01-175056

우체국　 010579-01-002831

예금주　 (사)고요한소리

마음을 맑게 하는 〈고요한소리〉 도서

법륜 시리즈

보리수잎 시리즈

단행본

붓다의 말씀

이 도서의 국립중앙도서관 출판예정도서목록(CIP)은
서지정보유통지원시스템 홈페이지(http://seoji.nl.go.kr)와
국가자료공동목록시스템(http://www.nl.go.kr/kolisnet)에서
이용하실 수 있습니다. (CIP제어번호:CIP2019015692)

소리·열여섯

인도 여행으로 본 계·정·혜

초판 1쇄 발행 2019년 5월 3일

말한이	활성
엮은이	김용호
펴낸이	하주락·변영섭
펴낸곳	(사)고요한소리
출판등록	제1-879호 1989. 2. 18.
주 소	서울시 종로구 인사동길 47-5 (우 03145)
연락처	전화 02-739-6328, 725-3408 팩스 02-723-9804
	부산지부 051-513-6650 대구지부 053-755-6035
	대전지부 042-488-1689
홈페이지	www.calmvoice.org
이메일	calmvs@hanmail.net
ISBN	978-89-85186-97-1 02220

값 1000원